रसवन्ती

[कविता-संग्रह]

रसवन्ती

रामधारी सिंह 'दिनकर'

लोकभारती प्रकाशन

लोकभारती प्रकाशन
पहली मंज़िल, दरबारी बिल्डिंग, महात्मा गांधी मार्ग
प्रयागराज-211 001

वेबसाइट : www.lokbhartiprakashan.com
ईमेल : info@lokbhartiprakashan.com

शाखाएँ : 1-बी, नेताजी सुभाष मार्ग, दरियागंज
नई दिल्ली-110 002
अशोक राजपथ, साइंस कॉलेज के सामने
पटना-800 006
1, अनमोल सोराबजी संतुक लेन, धोबी तलाव,
मरीन लाइंस, मुम्बई-400 002

पहला संस्करण : 1939
पुनर्नवा संस्करण : 2022
दूसरा संस्करण : 2024

मूल्य : ₹495

मुद्रक : बी.के. ऑफसेट
नवीन शाहदरा, दिल्ली-110 032

RASWANTI
Poems by Ramdhari Singh 'Dinkar'

ISBN : 978-81-8031-411-7

अनुक्रम

सूखे विटप की सारिके!

उजड़ी-कटीली डार से
मैं देखता किस प्यार से
पहना नवल पुष्पाभरण
तृण, तरु, लता, वनराजि को
हैं जा रहे विहसित-वदन
ऋतुराज मेरे द्वार से।

x x x

मुझ में जलन है, प्यास है,
रस का नहीं आभास है,
यह देख हँसती वल्लरी,
हँसता निखिल आकाश है।
जग तो समझता है यही,
पाषाण में कुछ रस नहीं,
पर, गिरि-हृदय में क्या न
व्याकुल निर्झरों का वास है?

x x x

बाकी अभी रसनाद हो,
पिछली कथा कुछ याद हो,
तो कूक पंचम तान में,
संजीवनी भर गान में,

सूखे विटप की डार को
कर दे हरी करुणामयी;
पढ़ दे ऋचा पीयूष की,
उग जाए फिर कोंपल नयी;
जीवन-गगन के दाह में
उड़ चल सजल नीहारिके!
सूखे विटप की सारिके!

गीत-शिशु

आशीर्वचन कहो मंगलमयि, गायन चले हृदय से,
दूर्वासन दो अवनि! किरण मृदु, उतरो नील निलय से।
बड़े यत्न से जिन्हें छिपाया, ये वे मुकुल हमारे,
जो अब तक बच रहे किसी विध ध्वंसक इष्ट-प्रलय से।

ये अबोध कल्पक के शिशु क्या रीति जगत् की जानें,
कुछ फूटे रोमाञ्च-पुलक से, कुछ अस्फुट विस्मय से।
निज मधु-चक्र निचोड़ लगन से पाला इन्हें हृदय ने,
बड़े नाज से, बड़ी साध से, ममता, मोह प्रणय से।

चुन अपरूप विभूति सृष्टि की मैंने रूप सँवारा,
उडु से द्युति, गति बाल लहर से, सौरभ रुचिर मलय से।
सोते-जगते मृदुल स्वप्न में सदा किलकते आये,
नहीं उतारा कभी अंक से कठिन भूमि के भय से।

नन्हे अरुण चरण ये कोमल, क्षिति की परुष प्रकृति है,
मुझे सोच, पड़ जाय कहीं पाला न कुलिश निर्दय से।
अर्जित किया ज्ञान कब इनने, जीवन का दुःख झेला?
अभी अबुध ये खेल रहे थे रजकण के संचय से।

सीख न पाए रेणु-रत्न का भेद अभी ये भोले,
मुट्ठी भर मिट्टी बदलेंगे कञ्चन-रचित वलय से।
कुछ न सीख पाये तो भी रुक सके न पुण्य-प्रहर में,
घुटनों बल चल पड़े, पुकारा तुमने देवालय से।

रुन-झुन-झुन पैंजनी चरण में, केश कुटिल घुँघराले,
नील नयन देखो माँ! इनके दाँत धुले हैं पय से।
देख रहे अति चकित रत्न-मणियों के हार तुम्हारे,
विस्फारित निज नील नयन से, कौतुल-भरे हृदय से।

कुछ विस्मय, कुछ शील दृगों में, अभिलाषा कुछ मन में;
पर, न खोल पाते मुख लज्जित प्रथम-प्रथम परिचय से।
निपुण गायकों की रानी, इनकी भी एक कथा है,
सुन लो, क्या कहने आये हैं ये तुतली-सी लय से।

छूकर भाल वरद कर से, मुख चूम बिदा दो इनको;
आशीष दो, ये सरल गीत-शिशु विचरें अजर-अजय से।
दिशि-दिशि विविध प्रलोभन जग में, मुझे चाह, बस, इतनी,
कभी निनादित द्वार तुम्हारा हो इनकी जय-जय से।

रसवन्ती

[1]

अरी ओ रसवन्ती सुकुमार!

लिये क्रीड़ा-वंशी दिन-रात
पलातक शिशु-सा मैं अनजान,
कर्म के कोलाहल से दूर
फिरा गाता फूलों के गान।

कोकिलों ने सिखलाया कभी
माधवी-कुञ्जों का मधु राग,
कण्ठ में आ बैठी अज्ञात
कभी बाड़व की दाहक आग।

पत्तियाँ फूलों की सुकुमार
गयीं हीरे-से दिल को चीर,
कभी कलिकाओं के मुख देख
अचानक ढुलक पड़ा दृग-नीर।

तृणों में कभी खोजता फिरा
विकल मानवता का कल्याण,
बैठ खँडहर में करता रहा
कभी निशि-भर अतीत का ध्यान।

श्रवण कर रंभा-सा उर फटा
दलित देशों का हाहाकार,
देखकर सिर पर मारा हाथ
सभ्यता का जलता श्रृंगार।

शाप का अधिकारी यह विश्व,
किरीचों का जिसको अभिमान,
दीन-दलितों के क्रन्दन-बीच
आज क्या डूब गए भगवान्?

तप्त मरु के सिंचन के हेतु
टटोला निज उर का रस-कोष;
ओस के पीने से पर, हाय,
विश्व क्या पा सकता सन्तोष?

बिन्दु या सिन्धु चाहिए उसे,
हमें तो निज पर ही अधिकार;
मुरलिका के रन्ध्रों में लिये
चला निज प्राणों का उपहार।

साधना की ज्वाला जब बढ़ी,
गया वासव का आसन डोल,

पूछने लगी मुझे पथ रोक
ठगिनि माया जीवन का मोल।

प्रिये रसवन्ती! जग है कठिन
मनुज दुर्बल, मानव लाचार,
परीक्षा को आया जब विश्व,
गया जीवन की बाजी हार।

द्वार कारा का बीचोबीच,
इधर मैं बन्दी, तुम उस ओर,
प्रिये! तब भी ममता से हाय,
खींचती क्यों मेरा पट-छोर?

प्रणय उससे कैसा यह, जो कि
गया पहली ही बाजी हार?
चीखती क्यों ले-लेकर नाम
अरी ओ रसवन्ती सुकुमार?

[2]

दुःखों की सुख में स्मृतियाँ मधुर,
सुखों की दुःख में स्मृतियाँ शूल;
विरह में किन्तु, मिलन की याद
नहीं मानव-मन सकता भूल।

याद है वह पहला मधुमास,
कोरकों में जब भरा पराग,
शिराओं में जब तपने लगी
अर्द्ध-परिचित-सी कोई आग।

एक क्षण कोलाहल के बीच
पुलक की शीतलता में मौन,
सोचने लगा हृदय में आज
हुआ नूपुर मुखरित यह कौन?

खोल दृग देखा प्राची-ओर
अलक्तक-चरणों का शृंगार,
तुम्हारा नव, उद्वेलित रूप,
व्योम में उड़ता कुन्तल-भार।

उठा मायाविनि! अन्तर-बीच
कल्पना का कल्लोलित ज्वार,
लगा सद्यःस्फुट पाटल-सदृश
दृगों को मोहक यह संसार।

लगी पृथ्वी आँखों को देवि!
सिक्त सरसीरुह-सी अम्लान;
कूल पर खड़ी हुई-सी निकल
सिन्धु में करके सद्यःस्नान।

ग्रहण कर उस दिन ही सुकुमारि,
तुम्हारे स्वर्णाञ्चल का छोर,
खोजने तृषितों का कल्याण
चला मैं अमृत-देश की ओर

गिरे थे जहाँ धर्म के बीज,
उगा था जहाँ कभी भी ज्ञान,

वहाँ की मिट्टी पर हम चले
प्रणति में झुकते एक-समान

पन्थ में दूर्वा-से सज तुम्हें
पिन्हाया गंगा का गलहार,
सीस पर हिम-किरीट रख किया
देश की मिट्टी से शृंगार।

विमूर्च्छित हुई तपोवन-बीच
कराया निर्झर का जल पान;
बोधि-तरु की छाया में बाँह
हुई शुचि बनकर तव उपधान।

धरा का जिस दिन सौरभ-कोष
खोलने लगी प्रथम बरसात,
न जाने, क्यों नालन्दा-बीच
रहे रोते हम सारी रात!

प्रेम-बिरवा आँगन में रोप
रहे थे हम जब हिल-मिल सींच,
अचानक कुटिल नियति ने मुझे
लिया उस दिव्य लोक से खींच।

अचानक हम दोनों के बीच
पड़ा आकर माया-व्यवधान;
रचा मेरे बन्धन के हेतु
भीषिकाओं ने दुर्ग महान

प्रकम्पित कर सारा ब्रह्मांड
किया प्राणों ने जब चीत्कार;
विहँसने लगा व्यंग्य से विश्व
अरी ओ रसवन्ती सुकुमार!

[3]

बन्धनों से होकर भयभीत,
किन्तु, क्या हार सका अनुराग?
मानकर किस बन्धन का दर्प
छोड़ सकती ज्वाला को आग?

पुष्प का सौरभ से सम्बन्ध
छुड़ा सकता कोई व्यवधान?
कौन सत्ता वह जिसको देख
रश्मि को तज सकता दिनमान?

आपदाएँ सौ बन्धन डाल
प्रेम का कर सकतीं अपमान?
यहाँ शापित यक्षों के रोज
उड़ा करते अम्बर में गान।

उठेगा व्याकुल, दुर्दमनीय
क्षुब्ध होकर जब पारावार,
रुद्ध होगा कैसे हे देवि!
धृष्ट शैलों से कण्ठद्वार?

फोड़ दूँगा माया का दुर्ग,
तोड़ दूँगा यह वज्र-कपाट,

व्योम में गाने को जिस रोज
बुलायेगा निर्बन्ध विराट।

मिटा दूँगा ब्रह्मा का लेख,
फिरा लूँगा खोया जिन दाँव,
चलूँगा निज बल हो निःशंक
नियति के सिर पर देकर पाँव।

तरंगित सुषमाओं पर खेल
करूँगा देवि! तुम्हारा ध्यान;
दुःखों की जलधारा में भींग
तुम्हारा ही गाऊँगा गान।

सजेगा जिस दिन उत्सव-हेतु
देश-माता का तोरण-द्वार;
करेंगे हम ले मंगल-शंख
उदय का स्वागत-मन्त्रोच्चार।

निखिल जन्मों में जिस पर देवि!
चढ़ाए हमने तन, मन, प्राण,
सुनेंगे हवन-हेतु इस बार
एक दिन फिर उसका आह्वान।

काल-नौका पर हो आरूढ़
चलेंगे जिस दिन प्रभु के देश,
विश्व की सीमा पर सुकुमारि,
करेंगे हम-तुम संग प्रवेश।

चकित होंगे सुनकर गन्धर्व
तुम्हारी दूरागत मृदु तान,
श्रवण कर नूपुर की झंकार
भग्न होगा रम्भा का मान।

'स्वर्ग से भी सुन्दर यह कौन?'
करेंगे सुर जब चकित पुकार,
कहूँगा मैं, 'दिव से भी मधुर
विश्व की रसवन्ती सुकुमार।'

बेतिया [चम्पारण]
सन् 1935

गीत-अगीत

गीत, अगीत, कौन सुन्दर है?

[1]

गाकर गीत विरह के तटिनी
वेगवती बहती जाती है,
दिल हलका कर लेने को
उपलों से कुछ कहती जाती है।
तट पर एक गुलाब सोचता,
'देते स्वर यदि मुझे विधाता,
अपने पतझर के सपनों का
मैं भी जग को गीत सुनाता।'
गा-गाकर बह रही निर्झरी,
पाटल मूक खड़ा तट पर है।
गीत, अगीत कौन सुन्दर है?

[2]

बैठा शुक उस घनी डाल पर
जो खोंते पर छाया देती,

पंख फुला नीचे खोंते में
शुकी बैठ अंडे है सेती।
गाता शुक जब किरण बसन्ती,
छूती अंग पर्ण से छन कर,
किन्तु, शुकी के गीत उमड़कर
रह जाते सनेह में सनकर।
गूँज रहा शुक का स्वर वन में,
फूला मग्न शुकी का पर है।
गीत, अगीत कौन सुन्दर है?

[3]

दो प्रेमी हैं यहाँ, एक जब
बड़े साँझ आल्हा गाता है,
पहला स्वर उसकी राधा को
घर से यहाँ खींच लाता है।
चोरी-चोरी खड़ी नीम की
छाया में छिपकर सुनती है,
'हुई न क्यों मैं कड़ी गीत की
बिधना?'—यों मन में गुनती है।
वह गाता, पर किसी वेग से
फूल रहा इसका अन्तर है।
गीत, अगीत, कौन सुन्दर है?

[सहरस

बालिका से वधू

माथे में सेन्दुर पर छोटी
दो बिन्दी चमचम-सी,
पपनी पर आँसू की बूँदें
मोती-सी, शबनम-सी।

लदी हुई कलियों से मादक
टहनी एक नरम-सी,
यौवन की विनती-सी भोली,
गुमसुम खड़ी शरम-सी।

पीला चीर, कोर में जिसकी
चकमक . गोटा-जाली
चली पिया के गाँव उभर के
सोलह फूलों वाली।

पी चुपके आनन्द, उदासी
भरे सजल चिवन में,
आँसू में भींगी भया
चुपचाप खड़ी आँगन में।

आँखों में दे आँख हेरती
हैं उसको जब सखियाँ,
मुस्की आ जाती मुख पर,
हँस देतीं रोती अँखियाँ।

पर, समेट लेती शरमाकर
बिखरी-सी मुसकान,
मिट्टी उकसाने लगती है
अपराधिनी - समान।

भींग रहा मीठी उमंग से
दिल का कोना-कोना,
भीतर-भीतर हँसी देख लो,
बाहर बाहर रोना।

तू वह, जो झुरमुट पर आई
हँसती कनक कली सी,
तू वह, जो फूटी मदिरा की
निर्झरिणी पतली सी।

तू वह, रच कर जिसे प्रकृति
ने अपना किया सिंगार,
तू वह, जो धूसर में आई
सबुज रंग की धार।

माँ की ढीठ दुलार! पिता की
ओ लजवन्ती भोली,

ले जाएगी हिया की मणि को
अभी पिया की डोली।

कहो, कौन होगी इस घर की
तब शीतल उजियारी?
किसे देख हँस-हँस कर
फूलेगी सरसों की क्यारी?

वृक्ष रीझ कर किसे करेंगे
पहला फल अर्पण-सा?
झुकते किसको देख पोखरा
चमकेगा दर्पण-सा?

किसके बाल ओज भर देंगे
खुलकर मन्द पवन में?
पड़ जाएगी जान देखकर
किसको चन्द्र-किरण में?

मँह-मँह कर मंजरी गले से
मिल किसको चूमेगी?
कौन खेत में खड़ी फसल
की देवी-सी झूमेगी?

बनी फिरेगी कौन बोलती
प्रतिभा हरियाली की?
कौन रूह होगी इस धरती
फल-फूलों वाली की?

हँसकर हृदय पहन लेता जब
कठिन प्रेम जंजीर,
खुलकर तब बजते न सुहागिन,
पाँवों के मंजीर।

घड़ी गिनी जाती तब निशिदिन
उँगली की पोरों पर,
प्रिय की याद झूलती है
साँसों के हिंडोरों पर।

पलती है उर का रस पीकर
सबसे प्यारी पीर,
बनती और बिगड़ती रहती
पुतली में तसवीर।

पड़ जाता चस्का जब मोहक
प्रेम-सुधा पीने का,
सारा स्वाद बदल जाता है
दुनिया में जीने का।

मंगलमय हो पन्थ सुहागिन,
यह मेरा वरदान;
हरसिंगार की टहनी-से
फूलें तेरे अरमान।

जगे हृदय को शीतल करने
वाली मीठी पीर,

निज को डुबो सके निज में,
मन हो इतना गम्भीर।

छाया करती रहे सदा
तुझको सुहाग की छाँह,
सुख-दुःख में ग्रीवा के नीचे
हो प्रियतम की बाँह।

पल-पल मंगल-लग्न, जिन्दगी
के दिन दिन त्योहार,
उर का प्रेम फूटकर हो
आँचल में उजली धार।

संसराम (शाहाबाद)

प्रीति

[]

प्रीति न अरुण साँझ के घन सखि!
पल-भर चमक बिखर जाते जो
मना कनक-गोधूलि-लगन सखि!
प्रीति नील, गम्भीर गगन सखि!
चूम रहा जो विनत धरणि को
निज सुख में नित मूक-मगन सखि!

[2]

प्रीति न पूर्ण चन्द्र जगमग सखि!
जो होता नित क्षीण, एक दिन
विभा-सिक्त करके अग-जग सखि!
दूज-कला यह लघु नभ-नभ सखि!
शीत, स्निग्ध, नव रश्मि छिड़कती
बढ़ती ही जाती पग-पग सखि!

[3]

मन की बात न श्रुति से कह सखि!
बोले प्रेम विकल होता है,
अनबोले सारा दु:ख सह सखि!
कितना प्यार? जान मत यह सखि!
सीमा, बन्ध, मृत्यु से आगे
बसती कहीं प्रीति अहरह सखि!

[4]

तृणवत् धधक-धधक मत जल सखि!
ओदी आँच धुनी बिरहिन की,
नहीं लपट की चहल-पहल सखि!
अन्तर्दाह मधुर मंगल सखि!
प्रीति-स्वाद कुछ ज्ञात उसे, जो
सुलग रहा तिल-तिल, पल-पल सखि!

दाह की कोयल

दाह के आकाश में पर खोल,
कौन तुम बोली पिकी के बोल?

[1]

दर्द में भींगी हुई-सी तान,
होश में आता हुआ-सा गान;
याद आई जीस्त की बरसात,
फिर गई दृग में उजेली रात;
काँपता उजली कली का वृन्त!
फिर गया दृग में समग्र बसन्त।
मुँद गईं पलकें, खुले जब कान,
सज गया हरियालियों का ध्यान।

मुँद गईं पलकें कि जागी पीर,
पीर, बिछुड़ी चीज की तसवीर।
प्राण की सुधि-ग्रन्थि भूली खोल,
कौन तुम बोली पिकी के बोल?

[2]

दूर छूटी छाँहवाली डाल,
दूर छूटी तरु-द्रुमों की माल;
दूर छूटा पत्तियों का देश,
तलहटी का दूर रम्य प्रदेश;
कब सुना, जानें न, जल का नाद,
कब मिलीं कलियाँ, नहीं कुछ याद।
ओस-तृण को आज सिर्फ बिसूर
चल रहा मैं बाग-वन से दूर।

सीस पर जलता हुआ दिनमान,
और नीचे तप्त रेगिस्तान।
छाँह-सी मरु-पन्थ में तब डोल?
कौन तुम बोली पिकी के बोल?

[3]

बालुओं का दाह मेरे ईश!
औ' गुमरते दर्द की यह टीस!
सोचता विस्मित खड़ा मैं मौन,
खोजती आई मुझे तुम कौन?
कौन तुम, ओ कोमले अनजान?
कौन तुम, किस रोज की पहचान?
हाँ, जरा-सी याद भूली बात,
दूध की धोई उजेली रात;
जब किरण-हिंडोर पर सामोद
स्यात्, झूली बैठ मेरी गोद।

या कहीं ऊषा-गली में प्रान!
घूमते तुमसे हुई पहचान।
तारकों में या नियति की बात
पढ़ रहा था जब कि पिछली रात,

तुम मिली ओढ़े सुवर्ण-दुकूल
भोर में चुनते विभा के फूल।
भूमि में, नभ में कहीं ओ प्रान!
याद है, तुमसे हुई पहचान।

[3]

याद है तुम तो सुधा की धार,
याद है, तुम चाँदनी सुकुमार।
याद है, तुम तो हृदय की पीर,
याद है, तुम स्वप्न की तसवीर।
याद है, तुम तो कमल की नाल,
मंजरी के पासवाली नर्म कोंपल लाल।
इन्द्र की धनुषी, सजल रंगीन,
खोजती किसको दहकती वायु में उड्डीन?
दाह के आकाश में पर खोल
बोलने आई पिकी के बोल।

[3]

चिलचिलाती धूप का यह देश,
कल्पने! कोमल तुम्हारा वेश।
लाल चिनगारी यहाँ की धूल,
एक गुच्छा तुम जुही के फूल।
दाह में यह ब्याह का संगीत!

भूल क्या सकती न पिछली प्रीत?
पड़ चुका है आग में संसार,
आज तुम असमय पधारी, क्या करूँ सत्कार?
मेरी बावली मेहमान!
शेष जो अब भी, उसे निज को समर्पित जान।
लूह में आशा हरी सुकुमार;
दाह के आकाश में मन्दाकिनी की धार;
धूप में उड़ती हुई शबनम अरी अनमोल!
कौन तुम बोली पिकी के बोल?

ससराम (शाहाबाद)

नारी

खिली भू पर जब से तुम नारि,
कल्पना-सी विधि की अम्लान,
रहे फिर तब से अनु-अनु देवि!
लुब्ध भिक्षुक-से मेरे गान।

तिमिर में ज्योति-कली को देख
सुविकसित, वृन्तहीन, अनमोल;
हुआ व्याकुल सारा संसार,
किया चाहा माया का मोल।

हो उठी प्रतिभा सजग, प्रदीप्त,
तुम्हारी छवि ने मारा बाण;
बोलने लगे स्वप्न निर्जीव,
सिहरने लगे सुकवि के प्राण।

लगे रचने निज उर को तोड़
तुम्हारी प्रतिमा प्रतिमाकार,
नाचने लगी कला चहुँ ओर
भाँवरी दे-दे विविध प्रकार।

ज्ञानियों ने देखा सब ओर
प्रकृति की लीला का विस्तार;
सूर्य, शशि, उडुजिनकीनख-ज्योति,
पुरुष उन चरणों का उपहार।

अगम 'आनन्द'-जलधि में डूब
तृषित 'सत्-चित्' ने पाई पूर्ति;
सृष्टि के नाभि-पद्म पर नारि!
तुम्हारी मिली मधुर रस-मूर्ति।

कुशल विधि के मन की नवनीत,
एक लघु दिव-सी हो अवतीर्ण,
कल्पना-सी, माया-सी, दिव्य
विभा-सी भू पर हुई विकीर्ण।

दृष्टि तुमने फेरी जिस ओर
गई खिल कमल-पंक्ति अम्लान;
हिंस्र मानव के कर से स्त्रस्त
शिथिल गिर गए धुनष औ' बाण।

हो गया मदिर दृगों को देख
सिंह-विजयी बर्बर लाचार,
रूप के एक तन्तु में नारि,
गया बँध मत्त गयन्द-कुमार

एक चितवन के शर ने देवि!
सिन्धु को बना दिया परिमेय,

विजित हो दृग-मद से सुकुमारि!
झुका पद-तल पर पुरुष अजेय।

कर्मियों ने देखा जब तुम्हें,
टूटने लगे शम्भु के चाप।
बेधने चला लक्ष्य गांडीव,
पुरुष के खिलने लगे प्रताप।

हृदय निज फरहादों ने चीर
बहा दी पय की उज्ज्वल धार,
आरती करने को सुकुमारि!
इन्दु को नर ने लिया उतार।

एक इंगित पर दौड़े शूर
कनक-मृग पर होकर हत-ज्ञान,
हुई ऋषियों के तप का मोल
तुम्हारी एक मधुर मुस्कान।

विकल उर को मुरली में फूँक
प्रियक-तरु-छाया में अभिराम,
बजाया हमने कितनी बार
तुम्हारा मधुमय 'राधा' नाम।

कढ़ीं यमुना से कर तुम स्नान,
पुलिन पर खड़ी हुईं कच खोल,
सिक्त कुन्तल से झरते देवि!
पिये हमने सीकर अनमोल!

तुम्हारे अधरों का रस प्राण!
वासना-तट पर पिया अधीर;
अरी ओ माँ, हमने है पिया
तुम्हारे स्तन का उज्ज्वल क्षीर।

पिया शैशव ने रस-पीयूष,
पिया यौवन ने मधु-मकरन्द;
तृषा प्राणों की पर, हे देवि!
एक पल को न सकी हो मन्द।

पुरुष पँखुड़ी को रहा निहार
अयुत जन्मों से छवि पर भूल,
आज तक जान न पाया नारि!
मोहिनी इस माया का मूल!

न छू सकते जिसको हम देवि!
कल्पना वह तुम अगुण, अमेय;
भावना अन्तर की वह गूढ़,
रही जो युग-युग अकथ, अगेय।

तैरतीं स्वप्नों में दिन-रात
मोहिनी छवि-सी तुम अम्लान,
कि जिसके पीछे-पीछे नारि!
रहे फिर मेरे भिक्षुक गान।

मुंगेर

[सन् 1936]

अगुरु-धूम

कल मुझे पूज कर चढ़ा गया
अलि, कौन अपरिचित हृदय-हार?
मैं समझ न पाई गूढ़ भेद,
भर गया अगुरु का अन्धकार।

[1]

श्रुति को इतना भर याद, भिक्षु
गुना-गुना रहा था मर्म-गान,
"आ रहा दूर से मैं निराश,
तुम दे पाओगी तृप्ति-दान?
यह प्रेम-बुद्ध के लिए भीख,
चाहिए नहीं धन, रूप, देह,
मैं याच रहा बलिदान पूर्ण,
है यहाँ किसी में सत्य स्नेह?

पुरनारि! तुम्हारे ग्राम-बीच
भगवान् पड़े हैं निराहार!"

मैं समझ न पाई गूढ़ भेद,
भर गया अगुरु का अन्धकार।

[2]

सिहरा, जानें, क्यों मुझे देख,
बोला, ''पूजेगी आज आस;
पहचान गया मैं सिद्धि देवि!
हो तुम्हीं यज्ञ का शुचि हुताश।
मैं अमित युगों से हेर रहा,
देखी न कभी यह विमल कान्ति,
ऐसी स्व-पूर्ण भ्रू-बँधी तरी,
ऐसी अमेय, निर्मोघ शान्ति!
नभ-सदृश चतुर्दिक् तुम्हें घेर
छा रहे प्रेम-प्रभु निराकार।''
मैं समझ न पाई गूढ़ भेद,
भर गया अगुरु का अन्धकार।

[3]

अपनी छवि में मैं आप लीन
रह गई विमुख करते विचार,
"वाणी प्रशस्ति की नई सीख
आया फिर कोई चाटुकार।"
पर, वीतराग-निभ चला भिक्षु
रचकर मेरा अर्चन-विधान;
कह, ''चढ़ा चुका मैं पुष्प, अधिक
अब और सिद्धि क्या मूल्यवान?

फिर कभी खोजने आऊँगा, पद
पर जो रख जा रहा प्यारं"
मैं समझ न पाई गूढ़ भेद,
भर गया अगुरु का अन्धकार।

[4]

"अब और सिद्धि क्या मूल्यावान?
मैं चौंक उठी सहसा अधीर;
फट गया गहन मन का प्रमाद,
आ लगा वह्नि का प्रखर तीर।
उठ विकल धूम के बीच दौड़
बोलूँ जब तक, 'ठहरो किशोर!'
तब तक स्व-सिद्धि को शिला जान
था चला गया साधक कठोर।

मैंने देखा वह धूम-जाल
मैंने पाया वह सुमन-हार;
पर, देख न पाई उन्हें सजनि!
भर गया अगुरु का अन्धकार।

[5]

तुम तो पथ के चिर-पथिक देव!
कब ले सकते किस घर विराम?
मैं ही न हाय पहचान सकी
करगत जीवन का स्वर्ण-याम।
है तृषित कौन? है जलन कहाँ?
मेघों को इसका नहीं ध्यान,

यह तो मिट्टी का भाग्य, कभी
मिल जाता उसको अमृत-दान।

फिरता न कभी मधुमास वही
शत हृदय खिलाकर एक बार;
मैं समझ न पाई गूढ़ भेद,
भर गया अगुरु का अन्धकार।

[6]

चरणों पर कल जो चढ़ा गए
तुम देव! हृदय का मधुर प्यार,
मन में, पुतली में उसे सजा
मैं आज रही धो बार-बार;
जो तुम्हें एक दिन देख नहीं
पाई अपने भ्रम में विभोर,
आकर सुन लो टुक आज उसी
पाषाणी का क्रन्दन किशोर!

छिपकर तुम पूज गए उस दिन,
छिपकर उस दिन मैं गई हार;
पर छिपा सकेगा अश्रु-ज्योति
क्या आज अगुरु का अन्धकार?

[7]

कल छोड़ गए जो दीप द्वार पर,
उर पर वह आसीन आज;
साधना-चरण की रेणु-हेतु
है पिकल सिद्धि अति दिन आज।

मन की देवी को फूल चढ़ा,
चाहिए तुम्हें कुछ नहीं और;
पर, विजित सिद्धि के लिए कहाँ
साधक-चरणों के सिवा ठौर?

मैं भेद न सकती तिमिर-पुंज,
तुम सुन सकते न करुण पुकार;
साधना-सिद्धि के बीच हाय,
छा रहा अगुरु का अन्धकार।

[8]

मैं रह न गई मानवी आज,
देवी कह तुमने की न भूल;
अन्तर का कञ्चन चमक उठा,
जल गई मैल, झर गई धूल।
नव दीप्ति लिये नारीत्व जगा
यह पहन तुम्हारी विजय-माल;
कुछ नई विभा ले फूल उठी
जीवन-विटपी की डाल-डाल।

देखे जग मुझमें आज स्त्रीत्व
का महामहिम पूर्णावतार,
मैं खड़ी चतुर्दिक् मुझे घेर
छा रहा अगुरु का अन्धकार।

[9]

कल सौंप गए जो मुझे प्रेम,
देखो उसका शृंगार आज;
मैं कनक-थाल भर खड़ी, बुद्ध-
हित ले जाओ उपहार आज;
सब भूल गई, कुछ याद नहीं
तरुणी के मद की बात आज
आओ, पग छू हो जाऊँगी
रमणी मैं रातों-रात आज।

माँ की ममता, तरुणी का व्रत,
भगिनी का लेकर मधुर प्यार,
आरती त्रिवर्तिक सजा करूँगी
भिन्न अगुरु का अन्धकार।

बह रही हृदय-यमुना अधीर
भर, उमड़ लबालब कोर-कोर,
आओ, कर लो नौका-विहार,
लौटो भिक्षुक, लौटो किशोर!

रास की मुरली

अभी तक कर पायी न सिंगार,
रास की मुरली उठी पुकार।

[1]

गयी सहसा किस रस से भींग
वकुल-वन में कोकिल की तान?
चाँदनी में उमड़ी सब ओर
कहाँ के मद की मधुर उफान?
गिरा चाहता भूमि पर इन्दु
शिथिलवसना रजनी के संग;
सिहरते पग सकता न सँभाल
कुसुम-कलियों पर स्वयं अनंग।
ठगी-सी रुकी नयन के पास
लिये अञ्जन उँगली सुकुमार।
अचानक लगे नाचने मर्म,
रास की मुरली उठी पुकार।

[2]

राज की मुरली उठी पुकार।

साँझ तक तो पल गिनती रही,
कहीं तब डूब सका दिनमान;
आँजने जिस क्षण बैठी आँख,
मधुर वेला पहुँची यह आन।
सुहागिनियों में चुनकर एक
मुझे ही भूल गये क्या श्याम?
बुलाने को न बजाया आज
बाँसुरी में दु:खिया का नाम।
बिताऊँ आज रैन किस भाँति?
पिन्हाऊँ किसे यूथिका हार!
धरूँ कैसे घर बैठे धीर?
रास की मुरली उठी पुकार।

[3]

रास की मुरली उठी पुकार।

उठी उर में कोमल हिल्लोल
मोहिनी मुरली का सुन नाद,
लाग करने कैसे तो हृदय,
पड़ी, जाने, कैसी कुछ याद!
सकूँगी कैसे स्वयं सँभाल
तरंगित यौवन का रसवाह?
ग्रन्थि के ढीले कर सब बन्ध
नाचने को आकुल है चाह।
डोलती श्लथ कटि-पट के संग,

खुली रशना करती झनकार
न दे पायी कंकन में कील,
राम की मुरली उठी पुकार।

[4]

साज-शृंगार?
छोड़ दौड़ो सब साज-सिंगार,
रास की मुरली रही पुकार।

अरी भोली मानिनि! इस रात
विनय-आदर का नहीं विधान,
अनामन्त्रित अर्पण कर देह
पूर्ण करना होगा बलिदान।

आज द्रोही जीवन का पर्व,
नग्न उल्लासों का त्योहार;
आज केवल भावों का लग्न,
आज निष्फल सारे शृंगार।

अलक्तक-पद का आज न श्रेय,
न कुंकुम की बेंदी अभिराम,
न सोहेगा अधरों में राग,
लोचनों में अंजन घनश्याम।

हृदय का संचित रंग उँड़ेल
सजा नयनों में अनुपम राग
भींगकर नख-शिख तक सुकुमारि,
आज कर लो निज सुफल सुहाग।

पहन कर केवल मादक रूप
किरण-वसना परियों-सी नग्न,
नीलिमा में हो जाओ बादल,
तारिकामयी प्रकृति-सी मग्न।

यूथिका के ये फूल बिखेर
पुजारिन! बनो स्वयं उपहार,
पिन्हा बाँहों के मृदुल मृणाल
देवता की ग्रीवा का हार।

खोल बाँहें आलिंगन-हेतु
खड़ा संगम पर प्राणाधार;
तुम्हें कंकन-कुंकुम का मोह,
और यह मुरली रही पुकार।

[5]

रास की मुरली रही पुकार!

महालय का यह मंगल-काल
आज भी लज्जा का व्यवधान?
तुम्हें तनु पर यदि न प्रतीति,
भेज दो अपने आकुल प्रान।

कहीं हो गया द्विधा में शेष
आज मोहन का मादक रास,
सफल होगा फिर कब सुकुमारि!
तुम्हारे यौवन का मधुमास?

रही बज आमन्त्रण के राग
श्याम की मुरली नित्य-नवीन,
विकल-सी दौड़-दौड़ प्रति काल
सरित हो रही सिन्धु में लीन।

रहा उड़ तज फेनिल अस्तित्व
रूप पल-पल अरूप की ओर,
तीव्र होता ज्यों-ज्यों जय-नाद,
बढ़ा जाता मुरली का रोर।

सनातन महानन्द में आज
बाँसुरी कंकन एकाकार,
बहा जा रहा अचेतन विश्व,
रास की मुरली रही पुकार।

मानवती

रूठ गई अबकी पावस के पहले मानवती मेरी,
की मैंने मनुहार बहुत, पर, आँख नहीं उसने फेरी।
वर्षा गई, शरत आया, जल घटा, पुलिन ऊपर आए,
बसे बबूलों पर खगदल, फुनगी पर पीत कुसुम छाए।
आज चाँदनी देख, न जाने, मैंने क्यों ऐसा गाया—
अब तो हँसो मानिनी मेरी, वर्षा गई, शरत आया।

तारों के श्रुति-फूल मनोहर,
कलियों का कंकन सुन्दर है।
मानिनि! यह तो चीर तुम्हारा,
तना हुआ जो नीलाम्बर है।

चलो, करो शृंगार, बुलाती तुम्हें खंजनों की टोली,
आमन्त्रित कर रही विपिन की कली तुम्हारी हमजोली।
उलर रही मंजरी कास की, हवा झूमती आती है,
राशि-राशि अवली फूलों की एक ओर झुक जाती है।
उगा अगस्त्य, उतर आया सरसी में निर्मल व्योख सखी,
झलमल-झलमल काँप रहे हैं जल में उडु औ' सोम सखी।

दिन की नई दीप्ति; हरियाली—
पर नूतन शोभा छायी है,
पावस-धौत धरा पर मानों,
चढ़ी नई यह तरुणाई है।

आज खेलने नहीं चलोगी रानी, कासों के वन में?
बोली कुछ भी नहीं, लोभ उपजा न मानिनी के मन में।

रानी आधी रात गई है,
घर है बन्द, दीप जलता है;
ऐसे समय, रूठना प्यारी का
प्रिय के मन को खलता है।

मना रहा, 'आनन्द-सूत्र' में ग्रन्थि डाल रोओ न लली!
ये मधु के दिन, इन्हें अकारण रूठ-रूठ खोओ न लली!
तुम सखि, इन्द्रपरी के तन में सावित्री का मन लायी,
ताप-तप्त मरु में मेरे हित शीत-स्निग्ध जीवन लायी।
जीवन के दिन चार, अवधि उससे भी अल्प जवानी की,
उस पर भी कितनी छोटी निशि होती प्रणय-कहानी की?
हम दोनों की प्रथम रात यह, आज करो मत मान प्रिये!
मिट न सकेगी कसक कभी, यदि यों ही हुआ विहान प्रिये!'

रानी, यह कैसी विपत्ति है,
जिस पर बीते, वही बखाने।
प्रिये, मान अपना तज कर द्रुत
उस मानिनि को चलो मनाने।

चलो शीघ्र, पौ फटे नहीं, उग जाय न कहीं अरुण रेखा।
मानवती ने भ्रू समेटकर मेरी ओर तनिक देखा!

"प्रासादों से घिरी कुटी में
चिन्ता-मग्न खड़ी कवि-जाया
कोस रही वाणी के सुत को—
'टका सत्य है औ' सब माया।

गहनों से शोभा बढ़ती है, उदरपूर्ति है अन्नों से।
तुम्हें, न जाने, क्या मिलता लिपटे रहने में पन्नों से?
सुस्थिर हो दो बात करें, यह भी बाकी अरमान मुझे,
ऐसी क्या कुछ दे रक्खी, चाँदी-सोने की खान मुझे?

गिरती कठिन गाज-सी सिर पर,
कवि का हृदय दहल जाता है;
आँसू पी, बरबस हँस-हँस कर
प्राण-प्रिया को समझाता है—

बना रखूँ पुतली दृग की, निर्धन का यही दुलार सखी!
स्वप्न छोड़ क्या पास, तुम्हारा जिससे करूँ सिंगार सखी?
कहाँ रखूँ, किस भाँति, सोच यह तड़पा करता प्यार सखी!
नयन मूँद बाँहों में भर लेता आखिर लाचार सखी!

घास-पात की कुटी हमारी,
किन्तु, तुम्हीं इसकी रानी हो;
क्या न तुम्हें सन्तोष, किसी
कवि की वरदा तुम कल्याणी हो?

जलती हुई धूप है तो आँगन में वट की छाँह सखी!
व्यजन करूँ, सोओ सिर के नीचे ले मेरी बाँह सखी।
जरा पैठ मेरे अन्तर में सुनो प्रणय-गुंजार सखी!
देखो, मन में रचा तुम्हारे हित कैसा संसार सखी!

यह अचरज मानिनि, तो देखो,
क्षुधा सौत भोली कविता की;
उलझ रही मकड़ी-जाली में
ज्योति परम पावन सविता की।

कलियाँ हृदय चीर टहनी का खिलने को अकुलाती हैं,
सह सकती न जलन, बाहर आते-आते जल जाती हैं।

घूम रही कल्पना अकेली
जग से दूर इन्द्र के पुर में;
कवि-जाया ने स्वर्ग न देखा
बसता जो प्रियतम के उर में।
अन्तर्दीप्त रूप निज प्रिय का
ग्रामवधू कैसे पहचाने?
वाणी भी भिक्षुणी जगत में,
वह सीधी-भाली क्यों माने?

जीवन की रसवृष्टि (पंक्ति कविवर की) क्यों चाँदी न हुई?
कवि-जाया कहती, लक्ष्मी क्यों कविता की बाँदी न हुई?

खोज रही आनन्द कल्पना
दूब, लता गिरिमाला में,

कल्पक के शिशु झुलस रहे हैं
इधर पेट की ज्वाला में।

जिसके मूर्त स्वप्न भूखे हों, वह गायक कैसे गाये?
मानवती चुप रही, दृगों में करुणा के बादल छाए।

नारी

[1]

पहन नील, किर्मीर वसन, तितली-सी पंख लगाये,
उर-गृह से बाहर आकर तुम किसको ढूँढ़ रही हो?
भ्रू की रेखा सजा, राग में रँग कपोल-अधरों को,
मुकुर देख खिलखिला रही हो किस आसन्न विजय से?
निवारण, उद्दाम किरण-सी खिलती और मचलती,
आज दीखती नहीं समाती हुई आप अपने में।
अपना चित्र विविध रंगों में आप सृजन करती हो,
और जाँचती हो फिर उसको स्वयं पुरुष के दृग से।
दर्पण में, रंगों में, नर की भ्रमित-लब्ध आँखों में,
देख रही सब में अपने को क्रम से बिठा-बिठा कर।
दाँतों-तले अधर को दाबे, कसे उबलते मन को,
चलती हो ऐसे कि देखती ही ज्यों नहीं किसी को।
लेकिन, सबको बचा काम करनेवाले वे लोचन
कहते हैं, तुम बिन देखे देखा करती बहुतों को।
तुम्हें ध्यान रहता कि पीठ सहलातीं कितनी आँखें,
बँधे चले आते कितने मन छलकी हुई लटों से।

मनःस्पर्श करती बहुतों का बलखाती चलती हो,
मन-ही-मन गिनती हो, लोहू काँप गया कितने का?

सच है, अभी बगल से गुजरीं तुम लालसा-लहर-सी,
मन मेरा रँग गया, गन्ध से मन्द पवन भी महका।
किन्तु, हाय, तुममें बसनेवाली की यही समर्चा?
इतनी ही पूजा? इतना ही क्या नैवेद्य-समर्पण?
राग-रंग की हवा उड़ाए दूर लिये जाती है
तुम्हें तुम्हारे सहज प्रमद-वन से उद्‌भ्रान्त सुरभि-सी।
वह वन, जिसमें कभी तितलियाँ पंख नहीं रँगती हैं;
औ' गुलाब सुरभित होने को गन्ध न मोल मँगाता;
रूप और यौवन पत्तों-से उड़ते नहीं हवा में,
मन का बन्धन मान कठिन उद्‌देश्य सिद्ध करते हैं।

जनाकीर्ण संसार-बीच कितने का मन बाँधोगी?
निरुद्‌देश्य बेधोगी चलते राह हृदय किस-किस का?
नहीं जानती हो, जितनी है हल्की चोट तुम्हारी,
उससे भी हल्की है इन बिंधनेवालों की पीड़ा।
वज्र-लेख यह नहीं सुन्दरी, जिस पर गर्व करो तुम,
आती और चली जाती हो जल पर की रेखा-सी।

जगा नहीं सकती यह जल की रेखा प्राण-पुरुष को,
जिसे छेड़ तुम हँसती हो, वह चर्म-कंप है केवल।
पुरुष वज्र-लेखन का भूखा, सो वह लिखनेवाली
सात पत्थरों के नीचे है दबी अभी तक तुम में।
तुम जितना विभ्रम करतीं, वह आकुल होती उतनी,
जितना व्यर्थ बनाव, क्षीण उतनी होती जाती है।

मृषा रभस के कोलाहल से प्राण विकल हैं उसके;
सारहीन चुम्बन से उसका दम घुटता जाता है।
कौतुक-हास-विलाप-रभस की अयि सजीव प्रतिमाओ!
देखो जिनमें झाँक कभी उस म्लानमुखी नारी को!

[2]

लज्जा, शील, सजीव धर्म की एक मूर्ति सकुचाती
बैठी है गाड़ी के कोने में सिमटी गठरी-सी।
बड़ी सावधानी से अपने को हर तरह छिपाए,
तन को, मन को और हाथ-पैरों की उँगली को भी।
तब भी कुछ बेचैन हुई-सी बार-बार हिलती है,
आँखों की जलती किरणें, शायद, चुभती हैं उसको।
डरी हुई हरिनी-सी वह मन-ही-मन काँप रही है,
अब भी ज्यों सम्यक्-रक्षित सर्वस्व लुटा जाता हो।

उसकी अन्त:कली खिली शीतल तम की छाया में,
नहीं देख सकती वह दिन की खुली धूप को सुख से!
वह प्रकाश-वंचित युग से, है उसका क्षीण मनोबल,
प्रत्यय नहीं रहा अब उसको अपने तेज प्रखर का।
लुब्ध-दृष्टि-विशिखों से बच डरती-सी वह चलती है,
नहीं सामना कर सकती उनका निज प्रखर विभा से।
वह समाज की विवश विन्दनी सब कुछ छोड़ चुकी है,
बचा रखा है केवल उसने एक शील नारी का।
यही परम सर्वस्व, जिसे वह आतुर सदा छिपाती
पटावरण के भीतर तन में, तन के भीतर मन में।
सुख पाती है देख पूर्ण छवि अपनी इसी मुकुर में,
डरती है लग जाय न इस पर मल जग की आँखों का।

वंचित वह उस नई ज्योति से, जिससे ऐसे दर्पण
बहुत बार मैले होते औ' बहुत बार धुलते हैं।

काँप रही शंकिता मृगी-सी वह सिकुड़ी-सिमटी भी,
जी करता है, अपना पौरुष, इज्जत उसे उढ़ा दूँ।
या कि जगा दूँ उसके भीतर की उस लाल शिखा को,
आँखों में जिसके बलने से दिशा काँप जाएगी।
घोर ग्लानि से झुक जाएँगे नयन घूरने वाले,
झुक जाएँगी कलुष-ज्ञान से दबी, ह्रीण ग्रीवाएँ।

दूर करो मुख से इस पट को, हे कुलवधू पुनीत!
इससे कहीं सघन घूँघट है मनस्तेज की तुममें।
ओढ़ो उसे, मनोबल का वह दिव्य फलक है ऐसा,
हिम्मत नहीं, तुम्हें देखे कोई कुत्सित आँखों से!
मन का प्रखर तेज-पट ओढ़े तुम निःशंक चलोगी;
जहाँ रहोगी, वहाँ पुण्य की प्रभा रहेगी घेरे!
नर में जो मल-पुंज कौतुकी कायर दनुज छिपा है,
ज्वालावरण देख नत होगा, तुमसे स्वयं डरेगा।

[3]

आँखों में गीला काजल; लम्बी रेखा सेंदुर की
नासिकाग्र से चली गई है ऊपर चीर चिकुर को—
सीधी रेख बना; कच दोनों ओर सजे हैं ऐसे,
फट कर दी हो राह तिमिर ने जैसे किसी किरण को!
पहुँची पर हैं नई चूड़ियाँ; रँगी हुई अलता से
हाथों की उँगलियाँ दीखतीं लाल-लाल कोंपल-सी।
तन पर पीला वसन, ज्योति पीली कुम्हलाये मुख की,

माँ बन कर रमणी प्रसूति-गृह से तुरन्त निकली है।
कई दिनों की छाया और धुओं से वह कुम्हलाई,
कचची धूप-सदृश लगती है कुछ-कुछ गीली-गीली!
अंगों में अब शेष नहीं पहले की सरल चपलता;
सब-के-सब दायित्व-ज्ञान से कुछ-कुछ दबे हुए हैं।
वाणी संयमशील, धीरता है भर गई पदों में।
आँखों के संकोच, शील में गौरव भर आया है।

शरमाती बैठी थी उत्सुक वधू प्रसूति-सदन में,
निकली है लेकर पुनीत, गम्भीर हृदय माता का।
जब से उज्ज्वल प्रेम उमड़ आँचल में फूट पड़ा है,
एक सरल सन्तोष झलकता है उसके आनन पर!

अंचल के सुकुमार फूल को वह यों देख रही है,
फूट रही हो धार दूध की ही ज्यों भरे नयन से।
'वीर, धनी, विद्वान, ग्राम का नायक, विश्व-विजेता'?
अपनी गोदी-बीच आज वह क्या-क्या देख रही है?
शत-सहस्त्र ये अभिलाषाएँ अब तक छिपी कहाँ थीं,
जाग पड़ी हैं जो कि देखते नन्हे स्तनपायी को?
माँ बनते ही ध्येय जन्म का उसके झलक गया है,
घूम रही थी दूर-दूर, आ गई निकट जीवन के।
जीवन समझ रखा था उसने क्रीडा-कुतुक-प्रणय को,
समझ रही अब, इन सबसे भी परे तत्त्व है कोई।

लय, सूर, ताल, लोच से जिसकी अब तक झूम रही थी,
आज रहे खुल कठिन अर्थ हैं, उस अद्‌भुत गायन के।
ऊपर-ही-ऊपर तिरनेवाली निर्बन्ध परी के,

पहले-पहल, चरण दोनों मिट्टी से आन लगे हैं।
समझ रही वह आज, बोझ जीवन का है उस पर भी,
महाविश्व को जीवित रखने की वह भी दायी है!
सीधा नहीं योग, नारी का जग के संघर्षों से;
बेटों के मुख से अपना सन्देश कहा करती है।
पुरुष-धर्म, जूझे संगर में अपने तेजोबल से,
नारी की करवाल महत्तम है उसका बेटा ही।
माँ के दिल की आग चमकती है बेटे की असि में;
कहना है जो कुछ उसको, वह पुत्र कहा करते हैं;
नारी की पूर्णता पुत्र को स्वानुरूप करने में,
करते हैं साकार पुत्र ही माता के सपने को।
बिना पुत्र नारी का सम्यक् रूप नहीं खुल पाता,
जीवन में रमणी प्रवेश करती है माता बनकर।
काश! समझतीं जन्मनिरोधातुर कृत्रिम बन्ध्याएँ,
पुत्र कामना इच्छा है अपने को ही पाने की।

पुरुष-प्रिया

मैं तरुण भानु-सा अरुण भूमि पर
उतरा रुद्र-बिषाण लिये,
सिर पर ले वह्नि-किरीट, दीप्ति का
तेजवन्त धनु-बाण लिये।

स्वागत में डोली भूमि, त्रस्त
भूधर ने हाहाकार किया,
वन की विशीर्ण अलकें झकोर
झंझा ने जय-जयकार किया।

नाचती चतुर्दिक् घूर्णि चली,
मैं जिस दिन चला विजय-पथ पर;
नीचे धरणी निर्वाक् हुई,
सिहरा अशब्द ऊपर अम्बर।

मुक्ता ले सिन्धु शरण आया,
मैंने जब किया सलिल-मन्थन।
मेरे इंगित पर उगल दिये
भू ने उर के फल, फूल रतन।

दिग्विदिक् सृष्टि के पर्ण-पर्ण पर
मैंने निज इतिहास लिखा,
दिग्विदिक् लगी करने प्रदीप्त
मेरे पौरुष की अरुण शिखा।

मैं स्वर्ग-देश का जयी वीर,
भू पर छाया शासन मेरा;
हाँ, किया वहन नतभाल, दमित
मृगपति ने सिंहासन मेरा।

कर दलित चरण से अद्रि-भाल
चीरते विपिन का मर्म सघन,
मैं विकट, धनुर्धर, जयी वीर
था घूम रहा निर्भय रव-वन।

उर के मन्थन की दर्द-भरी
घड़ियों से थी पहचान नहीं।
सुमनों से हारे भीम शैल,
तब तक था इतना ज्ञान नहीं।

चूमे जिसको झुक अहंकार,
वह कली, स्यात्, तब तक न खिली;
लज्जित हो अनल-किरीट, चाँदनी
तब तक थी ऐसी न मिली।

सहसा आई तुम मुझ अजेय को
हँसकर जय करनेवाली,

आधी मधु, आधी सुधा-सिक्त
चितवन का शर भरनेवाली।

मैं युवा सिंह से खेल रहा था
एक प्रात निर्झर-तट पर,
तुम उगी तीर पर माया-सी
लघु कनक-कुम्भ साजे कटि पर।

लघु कनक-कुम्भ कटि पर साजे,
दृग-बीच तरल अनुराग लिये;
चरणों में ईषत् अरुण, क्षीण
जलधौत अलक्तक-राग लिये।

सद्यःस्नाता, मद-भरित, सिक्त
सरसीरुह की अम्लान कली
अक्षता, सद्य, पाताल-जनित
मदिरा की निर्झरिणी पतली।

मैं चकित देखने लगा तुम्हें,
तुमने विस्मित मुझको देखा;
पल-भर हम पढ़ते रहे पूर्व-
युग का विस्मृत, धूमिल लेखा।

तुम नई किरण-सी लगी, मुझे
सहसा अभाव का ध्यान हुआ,
जिस दिन देखा यह हरित स्रोत,
अपने ऊसर का ज्ञान हुआ।

मैं रहा देखता निर्निमेष, तुम
खड़ी रहीं अपलब-चितवन,
नस-नस जृम्भा संचरित हुई,
संत्रस्त शिथिल उर के बन्धन।

सहसा बोली, 'प्रियतम!' अधीर,
श्लथ कटि से गिरा कलस तेरा,
गिर गए बाण, गिर गया धनुष,
सिहरा यौवन का रस मेरा।

'प्रियतम', प्रियतम', रसकूक मधुर
कब की श्रुत-सी कुछ जानी-सी,
'प्रियतम', 'प्रियतम', रूपसी कौन
तुम युग-युग की पहचानी-सी?

उमड़ा व्याकुल यौवन विबन्ध,
उर की तन्त्री झनकार उठी;
सब ओर सृष्टि में निकट-दूर
'प्रियतम' की मधुर पुकार उठी।

तुम अर्द्ध-चेतना में बोली,
'मैं खोज थकी, तुम आ न सके,
लद गई कुसुम से डाल, किन्तु,
अब तक तुम हृदय लगा न सके।

''सीखा यह निर्दय खेल कहाँ?
तुम तो न कभी थे निठुर पिया।''

मैं चकित, भ्रमित कुछ कह न सका,
मुख से निकले दो वर्ण, 'प्रिया।'

दो वर्ण 'प्रिया', यह मधुर नाम
रसना की प्रथम ऋचा निर्मल,
उल्लसित हृदय की प्रथम वीचि,
सुरसरि का विन्दु प्रथम उज्ज्वल।

नर की यह चकित पुकार 'प्रिया',
जब पहली दृष्टि पड़ी रानी,
जिस दिन मन की कल्पना उतर
भू पर हो गई खड़ी रानी।

विस्मय की चकित पुकार 'प्रिया',
जब तुम नीलिमा गगन की थी;
जब कर-स्पर्श से दूर अगुण
रस-प्रतिभा स्वप्न-मगन की थी;

जब पुरुष-नयन में वह्नि नहीं,
था विस्मय-जड़ित कुतुक केवल;
जब तुम अचुम्बिता, दूर-ध्वनित
थी किसी सुरा का मद-कलकल।

विस्मय की चकित पुकार 'प्रिया',
जिस दिन तुम थी केवल नारी;
नर की ग्रीवा का हार नहीं भुज-
बँधी वल्लरी सुकुमारी।

दो वर्ण 'प्रिया', यह नाद उषा
सुनती शिखरों पर प्रथम उतर;
दो वर्ण 'प्रिया' कुछ मन्द-मन्द
इस ध्वनि से ध्वनित गहन अम्बर।

दो वर्ण 'प्रिया', संध्या सुनती
झुक अतल मौनर सागर-तल में;
सुन-सुनकर हृदय पिघल जाता
इसका गुंजन दृग के जल में।

सुन रहीं दिशाएँ मौन खड़ी
सुन रही मग्न नभ की बाला;
सुन रहे चराचर, किन्तु एक
सुनता न पुरुष कहनेवाला।

अकलंक प्राण का सम्बोधन
सुनते जो कर्ण अजान प्रिये,
तो पुरुष-प्रिया के बीच आज
मिलता न एक व्यवधान प्रिये।

व्यवधान वासना का कराल,
जगते जो आग लगाती है;
जो तप्त शाप-विष फूँक सरल
नयनों को हिंस्र बनाती है।

उन आँखों का व्यवधान, ज्ञात
जिनको न रहस्यों का गोपन,

देखा कुछ कहीं कि कह आतीं
सब कुछ प्राणों के भवन-भवन।

उत्सुक नर का व्यवधान, शृंग
लख जिसे सूझता आरोहण,
जल-राशि देख सन्तरण और
वन सघन देख कर अन्वेषण।

अम्बर का देख वितान उड़ा,
'यह नील-नील ऊपर क्या है?'
मिट्टी खोदी यह सोच, 'गुप्त
इस वसुधा के भीतर क्या है?'

जिस दिवस अवारित प्रेम-सदन में
विस्मित, चकित पुरुष आया,
माणिक्य देख धीरता तजी
मुक्ता-सुवर्ण पर ललचाया।

क्या ले, क्या छोड़े, रत्नराशि का
भेद नहीं लघु जान सका,
वह लिया कि जिसमें तृप्ति नहीं,
पाना था जो वह पा न सका।

पा सका न मन का द्वार, लुब्ध
भग चला कुसुम का तन लेकर,
ग्रीवा-विलसित मन्दार-हार का
दलन किया चुम्बन लेकर।

जीवन पर प्रसरित खिली चाँदनी
को पीने की चाह इसे,
शशि का रस सकल निचोड़ बुझे,
वह कठिन, चिरन्तन दाह इसे।

तरुणी-उर को कर चूर्ण खोजने
लगा सुरभि का कोष कहाँ?
प्रतिभा विदीर्ण कर ढूँढ़ रहा,
वरदान कहाँ? सन्तोष कहाँ?

खोजते मोह का उत्स पुरुष ने
सारी आयु वृथा खोई;
इससे न अधिक कुछ जान सका,
तुम-सा न कहीं सुन्दर कोई।

सब ओर तीव्र-गति घूम रहा
युग-युग से व्यग्र पुरुष चंचल,
तुम चिर-चंचल के बीच खड़ी
प्रतिमा-सी सस्मित, मौन अचल।

सुन्दर थीं तुम जब पुरुष चला,
सुन्दर अब भी जब कल्प गया;
जा रहा सकल श्रम व्यर्थ, नहीं
मिलता आगे कुछ ज्ञान नया।

जब-जब फिर आता पुरुष श्रान्त,
तब तुम कहतीं रसमग्न 'प्रिया!'
मिलती न उसे फिर बात नई,
मुख से कढ़ते दो वर्ण, 'प्रिया!'

गीत

उर की यमुना भर उमड़ चली,
तू जल भरने को आ न सकी;
मैंने जो घाट रचा सरले!
उस पर मंजीर बजा न सकी।

दिशि-दिशि उँड़ेल विगलित कंचन,
रँगती आई सन्ध्या का तन,
कटि पर घट, कर में नील वसन;
कर नमित नयन चुपचाप चली,
ममता मुझ पर दिखला न सकी;
चरणों का धोकर राग नील-
सलिला को अरुण बना न सकी।

लहरें अपनापन खो न सकीं,
पायल का शिंजन ढो न सकीं,
युग चरण घेरकर रो न सकीं;
विवसन आभा जल में बिखेर
मुकुलों का बन्ध खिला न सकी;
जीवन की अयि रूपसी प्रथम्!
तू पहिली सुरा पिला न सकी।

अन्तर्वासिनी

अधिखिले पद्म पर मौन खड़ी
तुम कौन प्राण के सर में री?
भींगने नहीं देती पद की
अरुणिमा सुनील लहर में री?
तुम कौन प्राण के सर में?

[1]

शशि-मुख पर दृष्टि लगाये
लहरें उठ घूम रही हैं,
भयवश न तुम्हें छू पातीं
पंकज-दल चूम रही हैं;
गा रही चरण के पास विकल
छवि-बिम्ब लिये अन्तर में री।
तुम कौन प्राण के सर में?

[2]

कुछ स्वर्ण-चूर्ण उड़-उड़ कर
छा रहा चतुर्दिक् मन में,

सुरधनु-सी राज रही तुम
रंजित, कनकाभ गगन में;
मैं चकित, मुग्ध, हतज्ञान खड़ा
आरती-कुसुम ले कर में री।
तुम कौन प्राण के सर में?

[3]

जब से चितवन ने फेरा
मन पर सोने का पानी,
मधु-वेग ध्वनित नस-नस में,
सपने रँग रही जवानी;
भू की छवि और हुई तब से,
कुछ और विभा अम्बर में री।
तुम कौन प्राण के सर में?

[4]

अयि सगुण कल्पने मेरी!
उतरो पंकज के दल से।
अन्तःसर में नहलाकर
साजूँ मैं तुम्हें कमल से।
मधु-तृषित व्यथा उच्छ्वसित हुई,
अन्तर की क्षुधा अधर में री।
तुम कौन प्राण के सर में?

पावस-गीत

दूर देश के अतिथि व्योम में छाये घन काले सजनी,
अंग-अंग पुलकित वसुधा के शीतल, हरियाले सजनी!

भींग रहीं अलकें संध्या की, रिमझिम बरस रहे जलधर,
फूट रहे बुलबुले याकि मेरे दिल के छाले सजनी!

किसका मातम? कौन बिखेरे बाल आज नभ पर आयी?
रोयी यों जी खोल, चले बह आँसू के नाले सजनी!

आयी याद आज अलका की, किन्तु पन्थ का ज्ञान नहीं,
विस्मृत पथ पर चले मेघ दामिनी-दीप बाले सजनी!

चिर-नवीन कवि-स्वप्न, यक्ष के अब भी दीन, सजल लोचन,
उत्कंठित विरहिणी खड़ी अब भी झूला डाले सजनी!

बुझती नहीं जलन अन्तर की, बरसें दृग, बरसें जलधर;
मैंने भी क्या हाय, हृदय में अंगारे पाले सजनी!

धुलकर हँसा विश्व का तृण-तृण; मेरी ही चिन्ता न धुली;
पल-भर को भी हाथ, व्यथाएँ टलीं नहीं टाले सजनी!

किन्तु, आज क्षिति का मंगल-क्षण, यह मेरा क्रन्दन कैसा?
गीत-मग्न धन-गगन, आज तू भी मलार गा ले सजनी!

कत्तिन का गीत

कात रही सोने का गुन चाँदनी रूप-रस-बोरी;
कात रही रुपहरे धाग दिनमणि की किरण किशोरी।
घन का चरखा चला इन्द्र करते नव जीवन दान;
तार-तार पर मैं काता करती इज्जत-सम्मान।
हरी डार पर श्वेत फूल, यह तूल-वृक्ष मन भाया;
श्याम हिन्द हिम-मुकुट-विमण्डित खेतों में मुसकाया।
श्वेत कमल-सी रूई मेरी, मैं कमला महरानी;
कात रही किस्मत स्वदेश की क्षीरोदधि की रानी।
यह घर्घर का नाद कि चरखे की बुलबुल की लय है?
यह रूई का तार कि फूटा जग-जननी का पय है?
धाग-धाग में निहित निःस्व, रिक्तों का धन-संचय है;
तार-तार पर चढ़ कर चलती कोटि-कोटि की जय है।
बोल काठ की बुलबुल, मुँह का कौर न रहे अलोना;
सैटिन पर बह जाय नहीं पानी-सा चाँदी-सोना।
एक तार भी कात सुहागिन, यह भी नहीं अकाज;
स्यात् छिपा दे यही नग्न के किसी रोम की लाज।

मधुर चरखे का घर्घर गान,
देश का धाग-धाग कल्याण।

मरण

लगी खेलने आग प्रकट हो,
थी विलीन जो तन में;
मेरे ही मन के पाहुन
आये मेरे आँगन में।

बन्ध काट बोला यों धीरे
मुक्ति-दूत जीवन का—
'विहग, खोलकर पंख आज
उड़ जा निर्बन्ध गगन में।'

पुण्य पूर्व में आज सुहागिनि!
निज सर्वस्व लुटा दे,
माँग रहे मुँह खोल पिया
कुछ प्रथम-प्रथम जीवन में।

आज कहाँ की लाज बावली?
खोल, चीर-पट तन से।
रहे न टुक व्यवधान, नग्न
घुल-मिल जा कनक-किरण में।

देख रहा ज्यों स्वप्न बीज
ऋतुपति का हिम के नीचे,
छिपी हुई गोतीत विभा त्यों
कोलाहल क्रन्दन में।

उठी यवनिका आज तिमिर की,
अंकुर उगा विभा का;
चमक उठी वह पगडंगी, जो
प्रिय के गयी भवन में।

पूछ रहा था जिसकी सुधि
वन्दी! अब तक उडुगण से,
मुक्त घूमकर खोज उसे
अब फूल-फैल त्रिभुवन में।

ठौर-ठौर हैं मरण-सरोवर
बने पिया के मग में,
धोकर श्रान्ति, स्वस्थ हो पन्थी!
लग जा पुनः लगन में।

समय

जर्जरवपुष्! विशाल!
महादनुज विकराल!

भीमाकृति! बढ़, बढ़, कबन्ध-सा कर फैलाये;
लील, दीर्घ भुज-बन्ध-बीच जो कुछ आ पाये।
बढ़, बढ़, चारों ओर, छोड़, निज ग्रास न कोई,
रह जाये अवशिष्ट सृष्टि का ह्रास न कोई।

भर बुभुक्षु! निज उदर तुच्छतम द्रव्य-निकर से,
केवल, अचिर, असार, त्याज्य, मिथ्या, नश्वर से।
सब खाकर भी हाय, मिला कितना कम तुझको!
सब खोकर भी किन्तु, घटा कितना कम मुझको!

खाकर जग का दुरित एक दिन तू मदमाता,
होगा अन्तिम ग्रास स्वयं सर्वभुक् क्षुधा का।
तब भी कमल-प्रफुल्ल रहेगा शाश्वत जीवन,
लहरायेगा जिसे घेर किरणों का प्लावन।

आयेगी वह घड़ी, मलिन पट मिट्टी का तज,
रश्मि-स्नात सब प्राण तारकों से निज को सज,
आ बैठेंगे घेर देवता का सिंहासन;
लील, समय, मल, कलुष कि हम पायें नवजीवन।

वह जीवन, जिसमें न जरा, रुज, क्षय का भय है,
जो निसर्गतः कालजयी है, मृत्युंजय है।

आश्वासन

[1]

तृषित! धर धीर मरु में।
कि जलती भूमि के उर में
कहीं प्रच्छन्न जल हो।
न रो यदि आज तरु में
सुमन की गन्ध तीखी,
स्यात, कल मधुपूर्ण फल हो।

[2]

नये पल्लव सजीले,
खिले थे जो वनश्री को
मसृण परिधान देकर;
हुए वे आज पीले,
प्रभंजन भी पधारा कुछ
नया वरदान लेकर।

[3]

दु:खों की चोट खाकर
हृदय जो कूप-सा जितना
अधिक गम्भीर होगा;
उसी में वृष्टि पा कर
कभी उतना अधिक संचित
सुखों का नीर होगा।

[4]

सुधा यह तो विपिन की,
गरजती निर्झरी जो आ
रही पर्वत-शिखर से।
वृथा यह भीति घन की,
दया-धन का कहीं तुझ
पर शुभाशीर्वाद बरसे।

[5]

करें क्या बात उसकी,
कड़क उठता कभी जो
व्योम में अभिमान बनकर?
कृपा पर ज्ञात उसकी,
उतरता वृष्टि में जो सृष्टि
का कल्याण बनकर।

6

सदा आनन्द लूटें,
पुलक-कलिका चढ़ा या
अश्रु से पद-पद्म धोकर!
तुम्हारे बाण छूटें,
झुके हैं हम तुम्हारे हाथ
में कोदण्ड होकर।

कवि

ऊषा थी युग से खड़ी लिये
प्राची में सोने का पानी,
सर में मृणाल-तूलिका, तटी
में विस्तृत दूर्वा-पट धानी।

खींचता चित्र पर कौन? छेड़ती
राका की मुसकान किसे?
बिम्बित होते सुख-दुःख, ऐसा
अन्तर था मुकूर-समान किसे?

दन्तुरित केतकी की छवि पर
था कौन मुग्ध होनेवाला?
रोती कोयल थी खोज रही
स्वर मिला संग रोनेवाला।

अलि की जड़ सुप्त शिराओं को
थी कली विकल उकसाने को,
आकुल थी मधु-वेदना विश्व की
अमर गीत बन जाने को।

थी व्यथा किसे प्रिय? कौन मोल
करता आँखों के पानी का?
नयनों को था अज्ञात अर्थ
अबतक नयनों की वाणी का।

उर के क्षत का शीतल प्रलेप
कुसुमों का था मरकन्द नहीं;
विहगों के आँसू देख फूटते
थे मनुजों के छन्द नहीं।

मृगदृगी वन्य-कन्या कर पायी
थी मृगियों से प्यार नहीं,
हाँ, प्रकृति-पुरुष तब तक मिल
हो-पाये थे एकाकार नहीं।

शैथिल्य देख कलियाँ रोयीं,
अन्तर से सुरभित आह उठी;
ऊसर ने छोड़ी साँस, एक दिन
धरणी विकल कराह उठी।

यों विधि-विधान को दुःखी देख
वाणी का आनन म्लान हुआ;
उर को स्पन्दित करनेवाले
कवि के अभाव का ज्ञान हुआ।

आह टकरायी सुर-तरु में,
पुष्प आ गिरा विश्व-मरु में।

× × ×

कवि! पारिजात के छिन्न कुसुम
तुम स्वर्ग छोड़ भू पर आए,
उर-पद्म-कोष में छिपा दिव्य
नन्दनवन का सौरभ लाये।

जिस दिन तमसा-तट पर तुमने
दी फूँक बाँसुरी अनजाने,
शैलों की श्रुतियाँ खुलीं, लगे
नीड़ों में खग उठ-उठ गाने।

फूलों को वाणी मिली, चेतना
पा हरियाली डोल गई,
पुलकातिरेक में कली भ्रमर से
व्यथा हृदय की बोल गई।

प्राणों में कम्पन हुआ, विश्व की
सिहर उठी प्रत्येक शिरा;
तुमसे कुछ कहने लगी स्वयं
तृण-तृण में हो साकार गिरा।

निर्झर-मुख पर चढ़ गया रंग
सुनहरी उषा के पानी का;
उग गया चित्र हिम-विन्दु-पूर्ण
किसलय पर प्रणय-कहानी का।

अंकुरित हुआ नव प्रेम, कंटकित
काँप उठी युवती विसुधा;

रस-पूर्ण हुआ उर-कोष, दृगों में
छलक पड़ी सौन्दर्य-सुधा।

कवि! तुम अनंग बनकर आये
फूलों के मृदु शर-चाप लिये,
चिर-दु:खी विश्व के लिए प्रेम का
एक और सन्ताप लिये।

सीखी जगती ने जलन, प्रेम पर
जब से बलि होना सीखा;
फूलों ने बाहर हँसी, और
भीतर-भीतर रोना सीखा।

उच्छ्वासों से गल मोम हुई
ऊसर की पाषाणी कारा;
सींचने चली संसार तुम्हारे
उर की सुधा-मधुर धारा।

तुमने जो सुर में भरा,
शिविर-क्रन्दन में भी आनन्द मिला;
रसवन्ती हुई वेदना, आँसुओं
में जग को मकरन्द मिला।

मेघों पर चढ़ कर प्रिया पास
प्रेमी की व्याकुल आह चली;
वन-वन दमयन्ती विकल खोजती
निर्मोही की राह चली।

कवि! स्वर्ग-दूत या चरम स्वप्न
विधि का तुमको सुकुमार कहें?
नन्दन-कानन का पुष्प, व्यथा-
जग का या राजकुमार कहें?

विधि ने भूतल पर स्वर्ग-लोक
रचने का दे सामान तुम्हें;
अपनी त्रुटि को पूरी करने का
दिया दिव्य वरदान तुम्हें।

सब कुछ देकर भी चिर-नवीन,
चिर-ज्वलित व्यथा का रोग दिया;
फूलों से रचकर गात, भाग्य
में लिख शूलों का भोग दिया।

जीवन का रस-पीयूष नित्य
जग को करना है दान तुम्हें,
हे नीलकंठ, सन्तोष करो,
था लिखा गरल का पान तुम्हें।

कितना जीवन-रस पिला-पिला
पाली तुमने कविता प्यारी?
कवि! गिनो, घाव कितने, बोलो,
उर-बीच उगे बारी-बारी?

सूने में रो-रो बहा चुके
जग का कितना उपहास कहो?

दुनिया कहती है गीत जिन्हें,
उन गीतों का इतिहास कहो।

दायें कर के जल को उछाल
तट पर बैठे क्यों मौन? अरे!
बायें कर से मुख ढाँक लिया,
चिन्ता जागी यह कौन? हरे!

किरणें लहरों से खेल रहीं,
मेरे कवि! आह, नयन खोलो;
क्यों सिसक-सिसक रो रहे? हाय
हे देवदूत, यह क्या बोलो?

''आँखों से पूछो, स्यात्, आँसुओं
में गीतों का भेद मिले;
मुझको इतना भर ज्ञात, व्यथा
जब हरी हुई, सब वेद मिले।

''पाली मैंने जो आग, लगा
उसको युग का जादू-टोना;
फूटती नहीं, हाँ जला रही
चुपके उर का कोना-कोना।

आँखें जो कुछ हैं देख रहीं
उनका कहना भी पाप मुझे;
क्या से क्या होगा विश्व, यही
चिन्ता, विस्मय, सन्ताप मुझे।

"मुझको न याद, किस दिन मैंने
किस अमर व्यथा का पान किया।
दुनिया कहती है गीत, रुदन कर
मैंने साँझ-बिहान किया।"

× × ×

आँसू पर देता विश्व हृदय का
कोहिनूर उपहार नहीं;
रोओ कवि! दैवि व्यथा विश्व में
पा सकती उपचार नहीं।

रोओ, रोना वरदान यहाँ
प्राणों का आठों याम हुआ;
रोओ, धरणी का मथित हलाहल
पीकर ही नभ श्याम हुआ।

खाली लहरों पर स्यात्, कहीं
आशा का तिरता कोक मिले;
रोओ कवि! आँसू-बीच, स्यात्,
धरणी को नव आलोक मिले।

कालिदास

समय-सिन्धु में डूब चुके हैं मुकुट, हर्म्य विक्रम के,
राजसिद्धि सोयी, कब जाने, महागर्त में तम के।
समय सर्वभुक् लील चुका सब रूप अशोभन-शोभन,
लहरों में जीवित है कवि, केवल गीतों का गुंजन।

शिला-लेख, मुद्रा के अंकन, सब हो चुके पुराने,
केवल गीत कमल-पत्रों के हैं जाने-पहचाने।
सब के गये, शेष हैं लेकिन, कोमल प्राण तुम्हारे,
तिमिर-पुञ्ज में गूँज रहे ज्योतिर्मय गान तुम्हारे।

काल-स्रोत पर नीराजन-सम ये बलते आये हैं,
दिन-मणि बुझे, बुझे विधु, पर, ये दीप न बुझ पाये हैं।
कवे! तुम्हारे चित्रलय के रंग अभी हैं गीले,
कली कली है, फूल फूल, फल ताजे और रसीले।

वाणी का रस-स्वप्न खिला था जो कि अवन्तीपुर में,
ज्यों का त्यों है जड़ा हुआ अब भी भारत के उर में।
उज्जयिनी के किसी फुल्ल-वन-शोभी रूप-निलय से
विरह-मिलन के छन्द उड़े आते हैं मिले मलय से।

एक सिक्त-कुन्तला खोलकर मेघों का वातायन
अब तक विकल रामगिरि-दिशि में हेर रही कुछ उन्मन।
रसिक मेघ पथ का सुख लेता मन्द-मन्द जाता है,
अलका पहुँच सँदेश यक्ष का सुना नहीं पाता है।

और हुताशनवती तपोवन की निर्धूम शिखाएँ
लगती हैं सुरभित करती-सी मन की निखिल दिशाएँ।
एक तपोवन जीवित है अब भी भारत के मन में,
जहाँ अरुण आभा प्रदोष की विरम रही कानन में।

बँधे विटप से बैखानस के चीवर टँगे हुए हैं,
ऋषि रजनीमुख-हवन-कर्म में निर्भय लगे हुए हैं।
मुनिबाला के पास दौड़ता मृगशावक आता है,
ज्यों-त्यों दर्भजनित क्षत अपने मुख का दिखलाता है।

वह निसर्ग-कन्या अपने आश्रमवासी परिजन को
लगा इंगुदी-तैल, गोद ले सुहलाती है तन को।
बहती है मालिनी कहीं अब भी भारत के मन में,
प्रेमी प्रथम मिला करते जिसके तट वेतस-वन में।

प्रथम स्पर्श से झंकृत होती वेपथुमती कुमारी,
एक मधुर चुम्बन से ही खिलकर हो जाती नारी।
दुर्भांकुश खींचती चरण से, झुकी अरालासन से
देख रही रूपसी एक प्रिय को मधु-भरे नयन से।

इस रहस्य-कानन की अगणित निबिडोन्नतस्तनाएँ,
कान्तप्रभ शरदिन्दु-रचित छवि की सजीव, प्रतिमाएँ

हँसकर किसकी शमित अग्नि को जिला नहीं देती हैं?
किस पिपासु को सहज नयन-मधु पिला नहीं देती हैं?

अमित युगों के अश्रु, अयुत जन्मों की विरह-कथाएँ,
अमित जनों की हर्ष-शोक-उल्लासमयी गाथाएँ,
भूतल के दुःख और अलभ सुख जो कुछ थे अम्बर में,
सब मिल एकाकार हो गए कवे! तुम्हारे स्वर में।

किसका विरह नहीं बजता अलकावासिनि के मन में?
किसके अश्रु नहीं उड़ते हैं बनकर मेघ गगन में
किसके मन की खिली चाँदनी परी न बन जाती है?
वनकन्या बन लता-ओट छिप किसे न ललचाती है?

कम्पित रुधिर थिरकता किसका नहीं रणित नूपुर में?
मिलन-कल्पना से न दौड़ जाती विद्युत किस उर में?
गीत लिखे होंगे कविगुरु! तुमने तो अपने मन के,
झंकृत क्यों होते हैं स्वर इनमें त्रिकाल-त्रिभुवन के?

विजन में

गिरि निर्वाक् खड़ा निर्जन में,
दरी हृदय निज खोल रही है,
हिल-डुल एक लता की फुनगी
इंगित में कुछ बोल रही है।

साँझ हुई, मैं खड़ा दूब पर
तटी-बीच कर देर रहा हूँ?
गहन शान्ति के अन्तराल में
डूब-डूब कुछ हेर रहा हूँ।

मुझ मानव को क्षितिज-वृत्त से
घेर रही नीलिमा गगन की,
तब भी सीमाहीन दीखती
आज परिधि मेरे जीवन की।

चीर शान्ति का हृदय दूर पर
झिल्ली ठहर-ठहर गाती है;
किसी अर्द्ध-विस्मृत सपने की
धूमिल-सी स्मृति उपजाती है।

सुघर, मूक, स्वप्नों के शिशु-से
मन्द मेघ नभ में तरते हैं,
नीरव ही नीरव चलकर
नीरवता में जीवन भरते हैं।

जड़-चेतन विश्राम रहे कर
प्रभु के एक शान्तिमय क्रम में,
अभी सृष्टि पूरी लगती है,
द्वन्द्व न कहीं विषम औ' सम में।

मर्त्य-अमर्त्य एक-से लगते,
मैं उन्मन कुछ सोच रहा हूँ,
मिट्टी मेरी खड़ी धरा पर,
किन्तु, स्वयं इस काल कहाँ हूँ?

प्रभाती

रे प्रवासी, जाग, तेरे
देश का संवाद आया।

[1]

भेदमय सन्देश सुन पुलकित
खगों ने चंचु खोली;
प्रेम से झुक-झुक प्रणति में
पादपों की पंक्ति डोली;
दूर प्राची की तटी से
विश्व का तृण-तृण जगाता;
फिर उदय की वायु का वन में
सुपरिचित नाद आया।

रे प्रवासी, जाग, तेरे
देश का संवाद आया।

[2]

व्योम-सर में हो उठा विकसित
अरुण आलोक-शतदल;
चिर-दु:खी धरणी विभा में
हो रही आनन्द विह्वल।

चूमकर प्रति रोम से सिर
पर चढ़ा वरदान प्रभु का,
रश्मि-अंजलि में पिता का
स्नेह आशीर्वाद आया।

रे प्रवासी, जाग, तेरे
देश का संवाद आया।

[3]

सिन्धु-तट का आर्य भावुक
आज जग मेरे हृदय में,
खोजता उद्गम विभा का
दीप्त-मुख विस्मित उदय में;
उग रहा जिस क्षितिज-रेखा
से अरुण, उसके परे क्या?
एक भूला देश धूमिल-
सा मुझे क्यों याद आया?

रे प्रवासी, जाग, तेरे
देश का संवाद आया।

संध्या

जीर्णवय अम्बर-कपालिक शीर्ण, वेपथुमान,
पी रहा आहत दिवस का रक्त मद्य-समान।
शिथिल, मद-विह्वल, प्रकंपित-वपु, हृदय हतज्ञान,
गिर गया मधुपात्र कर से, गिर गया दिनमान।

खो गई चूकर जलद के जाल में मद-धार;
नीलिमा में हो गया लय व्योम का शृंगार।
शान्त विस्मित भूमि का गति-रोर;
एक गहरी शान्ति चारों ओर।

कौन तम की आँख-सा कढ़कर प्रतीची-तीर
दिग्विदिक् निस्तब्धता को हर रहा गम्भीर?
ज्योति की पहली कली, तम का प्रथम उडु-हंस,
यह उदित किस अप्सरी का एक श्रुति-अवतंस?

व्योम के उस पार अन्तर्धान,
श्याम संध्या का निवास-स्थान।
दिवस-भर छिपकर गगन के पार
साजती अभिसार के शृंगार;

और ज्यों होता दिवा का अन्त,
जोहती आकर किसी का पन्थ।
एक अलका व्योम के उस ओर;
यक्षिणी कोई विषाद-विभोर;
खोजती फिरती, न मिलते कान्त,
बीतते जाते अमित कल्पान्त;
वेदना बजती कठिन मन-माँझ;
पल गिना करती कि हो कब साँझ;
अश्रु से भींगी, व्यथा से दीन;
ऊँघती प्रिय-स्वप्न में तल्लीन।

षोडशी, तिमिराम्बरा सुकुमार;
भूलुठित, पुष्पित लता-सी म्लान, छिन्नाधार।
सिक्त पलदल, मुक्त कुन्तल-जाल;
ग्रीव से उतरी, अचुम्बित, त्यक्त पाटल-माल।

एक अलका व्योम के उस ओर,
यक्षिणी कोई विषाद विभोर।
खोजती फिरती, न मिलते कान्त,
बीतते जाते अमित कल्पान्त।

दीप्ति खोयी, खो गया दिनमान;
व्योम का सारा महल सुनसान;
शून्य में हो, स्यात्, खोया प्यार;
विजन नभ में इसलिए अभिसार।

उडु नहीं, तम में न उज्ज्वल हंस
शुक्र, संध्या का कनक-अवतंस।
शान्त! पृथ्वी! रोक ले निज रोर,
शान्ति! गहरी शान्ति हो सब ओर।

नीलिमा-पट खोलकर सायास
आ रही संध्या मलीन, उदास।
देखती अवनत धरणि की ओर,
वेदना-पूरित, विषाद-विभोर।
शून्य की अभिसारिका अति दीन,
शून्य के ही प्राण-सी रवहीन।

उठ रहे पल मन्दगति निस्पन्द,
जा रहे बिछते गगन पर अश्रु-विन्दु अमन्द।
साधना-सी मग्न, स्वप्न-विलीन,
निःस्व की आराधना-सी शून्य, वेगविहीन।

पर्ण-कुंजों में न मर्मर-गान;
सो गया थककर शिथिल पवमान।
अब न जल पर रश्मि बिम्बित लाल;
मूँद उर में स्वप्न सोया ताल।
सामने द्रुमराजि तमसाकार,
बोलते तम में विहग दो-चार;
झींगुरों में रोर खग के लीन,
दीखते ज्यों एक रव अस्पष्ट, अर्थविहीन।

दूर-श्रुत अस्फुट कहीं की तान
बोलते मानों, तिमिर के प्राण

व्योम से झरने लगा तमचूर्ण-संग प्रमाद,
तारकों से भूमि को आने लगा संवाद।
सघन, श्याम विषाद का अंचल तिमिर पर डाल
शान्त कर से छू रही संध्या भुवन का भाल।

सान्त्वना के स्पर्श से श्रम भूल,
सो रहे द्रुम पर उनींदे फूल।
झुक गए पल्लव शिथिल, साभार;
ऊँघने अलसित लगा संसार।

शान्ति, गहरी शान्ति चारों ओर।
एक मेरे चित्त में कल रोरः—

भूमि से आकाश तक जिसका अनन्त प्रसार,
बाँध लूँ उसको भुजा में युग्म बाँह पसार।

मैं बढ़ाता बाहुओं का पाश,
व्यंग्य से हँसता निखिल आकाश।

बन्ध से बाहर खड़ा निस्सीम का विस्तार,
भुज-परिधि का कुछ तिमिर, कुछ शून्य पर अधिकार।

याद कर, जाने किसका प्यार,
गिर गये दो अश्रु-कण सुकुमार।

आँसुओं की दो कनी, इस साँझ का वरदान,
अश्रु के दो विन्दु, पिछली प्रीति की पहचान।
अश्रु दो, निस्सीम के पद पर हृदय का प्यार,
शान्त का स्मृति-चिह्न पावन, क्षुद्रतम उपहार।

अगेय की ओर

गायक, गान, गेय से आगे
मैं अगेय स्वन का श्रोता मन।

[1]

सुनना श्रवण चाहते अबतक
भेद हृदय जो जान चुका है,
बुद्धि खोजती उन्हें, जिन्हें जीवन
निज को कर दान चुका है।

खो जाने को प्राण विकल हैं
चढ़ उन पद-पद्मों के ऊपर;
बाहु-पाश से दूर जिन्हें विश्वास
हृदय का मान चुका है

जोह रहे उनका पथ दृग,
जिनको पहचान गया है चिन्तन।
गायक, गान, गेय से आगे
मैं अगेय स्वन का श्रोता मन।

[2]

उछल-उछल बह रहा अगम की
ओर अभय इन प्राणों का जल
जन्म-मरण की युगल घाटियाँ
रोक रहीं जिसका पथ निष्फल।

मैं जल-नाद श्रवण कर चुप हूँ;
सोच रहा यह खड़ा पुलिन पर;
है कुछ अर्थ, लक्ष्य इस रव का
या 'कुल-कुल, कल-कल' ध्वनि केवल?

दृश्य, अदृश्य कौन सत् इनमें?
मैं या प्राण-प्रवाह चिरन्तन?
गायक, गान, गेय से आगे
मैं अगेय स्वन का श्रोता मन।

[3]

जलकर चीख उठा वह कवि था,
साधक जो नीरव तपने में;
गाये गीत खोल मुँह क्या वह
जो खो रहा स्वयं सपने में?
सुषमाएँ जो देख चुका हूँ
जल-थल में, गिरि, गगन, पवन में,
नयन मूँद अन्तर्मुख जीवन
खोज रहा उनको अपने में!

अन्तर्-वहिर् एक छवि देखी,
आकृति कौन? कौन है दर्पण?

गायक, गान, गेय से आगे
मैं अगेय स्वन का श्रोता मन।

[4]

चाह यही छू लूँ स्वप्नों की
नग्न कान्ति बढ़कर निज कर से;
इच्छा है, आवरण स्त्रस्त हो
गिरे दूर अन्तःश्रुति पर से।

पहुँच अगेय-गेय-संगम पर
सुनूँ मधुर वह राग निरामय,
फूट रहा जो सत्य, सनातन
कविर्मनीषी के स्वर-स्वर से।

गीत बनी जिनकी झाँकी,
अब दृग में उन स्वप्नों का अंजन।
गायक, गान, गेय से आगे
मैं अगेय स्वन का श्रोता मन।

सावन में

जेठ नहीं, यह जलन हृदय की,
उठकर जरा देख तो ले;
जगती में सावन आया है,
मायाविनि! सपने धो ले।

जलना तो था बदा भाग्य में
कविते! बारह मास तुझे;
आज विश्व की हरियाली पी
कुछ तो प्रिये, हरी हो ले।

नन्दन आन बसा मरु में,
घन के आँसू वरदान हुए;
अब तो रोना पाप नहीं,
पावरा में सखि! जी भर रो ले।

अपनी बात कहूँ क्या? मेरी
भाग्य-लीक प्रतिकूल हुई;

हरियाली को देख आज फिर
हरे हुए दिन के फोले।

सुन्दरि! ज्ञात किसे, अन्तर का
उच्छल-सिन्धु विशाल बँधा?
कौन जानता, तड़प रहे किस
भाँति प्राण मेरे भोले?

सौदा कितना कठिन सुहागिनि!
जो तुझ से गँठ-बन्ध करे;
अंचल पकड़ रहे वह तेरा,
संग-संग वन-वन डोले।

हाँ, सच है, छाया सुरूर, तो
मोह और ममता कैसी?
मरना हो तो पिये प्रेम-रस,
जिये अगर बाउर हो ले।

भ्रमरी

पी मेरी भ्रमरी, वसन्त में
अन्तर-मधु जी-भर पी ले;
कुछ तो कवि की व्यथा सफल हो,
जलूँ निरन्तर, तू जी ले।

चूस-चूस मकरन्द हृदय का
संगिनि! तू मधु-चक्र सजा,
और किसे इतिहास कहेंगे
ये लोचन गीले-गीले?

लते! कहूँ क्या, सूखी डालों
पर क्यों कोयल बोल रही?
बतलाऊँ क्या ओस यहाँ क्यों?
क्यों मेरे पल्लव पीले?

किसे कहूँ? धर धीर सुनेगा
दीवाने की कौन व्यथा?
मेरी कड़ियाँ कसी हुई,
बाकी सबके बन्धन ढीले।

मुझे रखा अज्ञेय, अभी तक
विश्व मुझे अज्ञेय रहा,
सिन्धु यहाँ गम्भीर, अगम,
सखि! पन्थ यहाँ ऊँचे टीले।

रहस्य

तुम समझोगे बात हमारी?

[1]

उडु-पुंजों के कुंज सघन में,
भूल गया मैं पन्थ गगन में,
जगे-जगे, आकुल पकलों में बीत गयी कल रात तुम्हारी।

[2]

अस्तोदधि की अरुण लहर में,
पूरब-आर कनक-प्रान्तर में,
रँग-सी रही पंख उड़-उड़कर तृष्णा सायं-प्रात हमारी।

[3]

सुख-दुःख में डुबकी-सी देकर,
निकली वह देखो, कुछ लेकर,
श्वेत, नील दो पर् किरों में, सजनी सद्यःस्नात हमारी।

सम्बल

सोच रहा, कुछ गा न रहा मैं।

[1]

निज सागर को थाह रहा हूँ,
खोज गीत में राह रहा हूँ,
पर, यह तो सब कुछ अपने हित, औरों को समझा न रहा मैं।

[2]

वातायन शत खोल हृदय के,
कुछ निर्वाक् खड़ा विस्मय से,
उठा द्वार-पट चकित झाँक अपनेपन को पहचान रहा मैं।

[3]

ग्रन्थि हृदय की खोल रहा हूँ,
उन्मन-सा कुछ बोल रहा हूँ,
मन का अलस खेल यह गुनगुन, सचमुच, गीत बना रहा मैं।

[4]

देखी दृश्य-जगत् की झाँकी,
अब आगे कितना है बाकी?
गहन शून्य में नग्न, अचेतन, कर अगीत का ध्यान रहा मैं।

[5]

चरण-चरण साधन का श्रम है,
गीत पथिक की शान्ति परम है,
ये मेरे सम्बल जीवन के, जग का मन बहला न रहा मैं।

[6]

एक निरीह-पथिक निज मग का,
मैं न सुयश-भिक्षुक इस जग का,
अपनी ही जागृति का स्वर यह बन्धु, और कुछ गा न रहा मैं।
सोच रहा, समझा न रहा मैं।

प्रतीक्षा

अयि संगिनी सुनसान की!

[1]

मन में मिलन की आस है,
दृग में दरस की प्यास है,
पर, ढूँढ़ता फिरता जिसे,
उसका पता मिलता नहीं
झूठे बनी धरती बड़ी,
झूठा बृहत् आकाश है।
मिलती नहीं जग में कहीं
प्रतिमा हृदय के गान की।
अयि संगिनी सुनसान की!

[2]

तुम जानती सब बात हो,
दिन हो कि आधी रात हो,
मैं जागता रहता कि कब
मंजीर की आहट मिले,

गेरे कमल-वन में उदय
किस काल पुण्य-प्रभात हो।
किस लग्न में हो जाय कब
जानें कृपा भगवान् की।
अयि संगिनी सुनसान की!

[3]

मुख में हँसी, मन म्लान है,
उजड़े घरों में गान है,
जग ने सिखा रक्खा, गरल
पीकर सुधा-वर्षण करो,
मन में पचा ले आह जो,
सब से वही बलवान है।

उर में पुरातन पीर, मुख
पर द्युति नई मुस्कान की।
अयि संगिनी सुनसान की!

शेष गान

संगिनि, जी भर गा न सका मैं।

[1]

गायन एक व्याज इस मन का,
मूल ध्येय दर्शन जीवन का।
रँगता रहा गुलाब, पटी पर अपना चित्र उठा न सका मै।

[2]

इन गीतों में रश्मि अरुण है,
बाल ऊर्मि, दिनमान तरुण है।
बँधे अमित अपरूप रूप, गीतों में स्वयं समा न सका मैं।

[3]

बँधे सिमट कुछ भाव प्रणय के,
कुछ भय, कुछ विश्वास हृदय के,
पर, इनसे जो परे तत्त्व, वर्णों में उसे बिठा न सका मैं।

[4]

घूम चुकी कल्पना गगन में,
विजय विपिन, नन्दन-कानन में।
अग-जग घूम थका, लेकिन, अपने घर अब तक आ न सका मैं।

[5]

गाता गीत विजय-मद-माता,
मैं अपने तक पहुँच न पाता।
स्मृति-पूजन में कभी देवता को दो फूल चढ़ा न सका मैं।

[6]

परिधि-परिधि मैं घूम रहा हूँ,
गन्ध-मात्र से झूम रहा हूँ।
जो अपीत रस-पान अचुम्बित, उस पर अधर लगा न सका मैं।

[7]

सम्मुख एक ज्योति झिलमिल है
हँसता एक कुसुम खिलखिल है।
देख-देख मैं चित्र बनाता, फिर भी चित्र बना न सका मैं।

[8]

पट पर पट मैं खींच हटाता,
फिर भी कुछ अदृश्य रह जाता।
यह मायामय भेद कौन? मन को अब तक समझा न सका मैं।

[9]

पल-पल दूर देश है कोई,
अन्तिम गान शेष है कोई,
छाया देख रहा जिसकी, काया का परिचय पा न सका मैं।

[10]

उड़े जा रहे पंख पसारे,
गीत व्योम के कूल-किनारे,
उस अगीत की ओर जिसे प्राणों से कभी लगा न सका मैं।

[11]

जिस दिन वह स्वर में आएगा,
शेष न फिर कुछ रह जाएगा,
कहकर उसे कहूँगा वह, जो अब तक कभी सुना न सका मैं।

●●●